Versos Breves sobre la Primavera

Juan Moisés de la Serna

Editorial Tektime

2021

Prólogo

Es esa estación del año
donde más feliz se está
ya se pasó el frío invierno
pronto el calor vendrá.

Pero es en primavera
cuando las flores saldrán
con sus múltiples colores
los paisajes alegrarán.

La primavera ha venido
la nieve ya se marchó
un sol brillante ha salido
y todo aquí cambió.

Un oscuro invierno había
que sin brillo el cielo estaba
con la llegada del sol
todo el entorno cambiaba.

AMOR

Dedicado a mis padres

Contenido

1. ES ESA ESTACIÓN DEL AÑO 7

2. YA LLEGÓ LA PRIMAVERA 11

3. ESTÁN EN SU JARDINERA 14

4. ERA EN LA PRIMAVERA 18

5. CUANDO NADIE LE ESPERABA 21

6. EL VERANO HA LLEGADO 23

7. ERA POR LA PRIMAVERA 27

8. UNA MAÑANA LLUVIOSA 33

9. CORRIENDO UN CONEJITO 36

10. AL LLEGAR LA PRIMAVERA 40

11. TODOS ESTÁN EXPECTANTES 43

12. ¿QUÉ ES LA VIDA?, O QUIZÁS 45

13. VOLANDO SE PASÓ EL AÑO 49

14. MIRA EL CIELO ESTRELLADO 59

15. UNA POESÍA ME DICES 64

16. LA PRIMAVERA HA LLEGADO 68

17. BENDITA PRIMAVERA 70

18. EL TRINO EN PRIMAVERA 71

19. PRIVAMERA FLORIDA 73

20. COSAS QUE PASAN 75

21. LA GRANIZADA 79

22. ESCUCHANDO MUSICA...............................82

23. EL GRAN DÍA 85

1. ES ESA ESTACIÓN DEL AÑO

Es esa estación del año
donde más feliz se está
ya se pasó el frío invierno
pronto el calor vendrá.

Pero es en primavera
cuando las flores saldrán
con sus múltiples colores
los paisajes alegrarán.

La primavera ha venido
la nieve ya se marchó
un sol brillante ha salido
y todo aquí cambió.

Un oscuro invierno había
que sin brillo el cielo estaba
con la llegada del sol
todo el entorno cambiaba.

Los pájaros con sus trinos
a todos han anunciado
"¡Despertad, ya es primavera!"
y el bosque lo ha escuchado.

La tortuga y la liebre
se han puesto a cantar
alegres, es primavera
se las puede escuchar.

Los demás están contentos
y se ponen a bailar
al son de lindas canciones
nadie se puede parar.

El oso, la mariposa
y el jilguero también
bailan, bailan sin cesar
bailan todos más de cien.

La primavera les gusta
el frío ya se pasó
salen de sus madrigueras
el solecito les dio.

Todos contentos están
hasta la garza volvió
lejos se había marchado
cuando el frío comenzó.

La laguna rebosante
el deshielo la llenó
las ranas cantan en ella
la primavera llegó.

El prado se ha teñido
ya solo blanco no está
mil colores le han salido
flores cantan al compás.

La primavera ha venido
alegres todos están
el sol nota el bullicio
y más se pone a brillar.

Las noches en primavera
el cielo estrellado está
con mil puntitos brillando
todos contentos están.

Ya llegó la primavera
hasta el cielo lo ha notado
la luna y las estrellas
cantando lo han pregonado.

El sol escucha el canto
cuando va a amanecer
por eso él brilla tanto
muy contento se le ve.

Ya llegó la primavera
la nieve se ha marchado
el frío ya no está
todo el clima ha cambiado.

Siempre es en primavera
cuando empiezan a salir
las mariposas volando
míralas hay más de mil.

AMOR

2. YA LLEGÓ LA PRIMAVERA

Ya llegó la primavera
en el bosque están cantando
los pájaros lo entonan
las flores están bailando.

"Ya llegó la primavera"
la tortuguita decía
y a su lado una flor
"¿El qué?", la preguntaría.

"¿Es que no te has enterado?
-la tortuga preguntó-
ya llegó la primavera
todo el bosque se enteró"

"Pero eso, ¿Qué significa?"
curiosa la preguntaba
"Mira estas más preciosa"
la tortuga contestaba.

"Yo estoy igual que ayer
nada distinto he notado
sí llegó la primavera
yo aún no me he enterado".

La tortuga pensativa
un poquito se quedó
luego ya dijo bajito
"Pues mucho si se notó"

"¿Y cómo?", dijo curiosa
la florecilla al lado
la tortuga con paciencia
así le ha contestado.

"Flores había poquitas
antes de que ella llegara
no sé cómo ha sido
pero en el campo se llenaba.

El sol también se ha enterado
y ahora brilla más
la nieve se ha marchado
y así frío no hará"

La florecilla no entiende
y vuelve a preguntar
"¿Y por qué ha pasado eso?
¿Y cuándo se va a marchar?"

"Cuando venga el verano
todo aquí cambiará
pues el sol calienta tanto
que no se puede aguantar"

"¡Qué lío me estás haciendo!"
la florecilla decía
y la tortuga corriendo
de allí se marcharía.

Mientras se iba pensaba
"Otro día le diré
que cuando llegue el verano
yo allí no le veré"

La florecilla al sol
alegre se había quedado
allí estaba a gustito
la primavera ha llegado.

AMOR

3. ESTÁN EN SU JARDINERA

Están en su jardinera
poco a poco se van viendo
ya llegó la primavera
las demás vendrán corriendo.

Ese lila y amarillo
que en sus hojitas tiene
¿Cómo le habrá salido?
y qué brillo que contiene.

Mirándola embelesado
a la violeta estaba
cuando algo escuché
que mucho me extrañaba.

"¿Qué miras?", me pareció
que alguien me preguntaba
pero volví la cabeza
y allí nadie encontraba.

"¡Será mi imaginación!"
enseguida lo pensé
y caminar pretendía
cuando de nuevo escuché.

"Viandante, ¿a dónde vas?"
extrañado me paré
ahora sí estoy seguro
de que algo escuché.

De nuevo miré asombrado
nadie por allí estaba
pero lo había escuchado
ahora ya no lo dudaba.

"¿Es que aún no me ves?"
volví otra vez a escuchar
y de nuevo me giré
no sabía dónde mirar.

"¡Aquí!", oí que decía
¡No me lo podía creer!
era aquella violeta
sólo lo que podía ver.

Se movía un poquito
pretendía indicar
que ella estaba hablando
quieta desde aquel lugar.

Con los ojos bien abiertos
no dejaba de mirar
la florecilla aquella
que acababa de escuchar.

¡No me lo podía creer!
nunca lo había escuchado
que una flor como aquella
hubiera alguna vez hablado.

Parecía que mi mente
la flor había leído
y me dijo de repente
"Siempre hablar hemos podido".

"¿Hablar con quién?", pregunté
dudando lo que pasaba
pero enseguida escuché
que con quien allí se paraba.

"¿Y parase, para qué?"
la volví a preguntar
"A mirarnos un poquito"
me volvió a contestar.

"La gente siempre deprisa
pasa por este lugar
corriendo pasáis la vida
y no sabéis apreciar".

"¿A qué te refieres?" dije
ella así me siguió
hablando un rato estuvo
hasta que al fin se calló.

Me contó su vida entera
y que hermanas tenía
que salió en primavera
cuando frío ya no hacía.

AMOR

4. ERA EN LA PRIMAVERA

Era en la primavera
y en un jardín estaba
sólo se escuchaba allí
los pájaros que cantaban.

Con sus trinos armoniosos
en un banco me senté
y al poquito de ello
a soñar yo comencé.

Con flores de mil colores
que al escuchar bailaban
esparciendo sus olores
y el ambiente perfumaban.

Las rosas bailan un vals
las vi cómo se movían
suavemente con la brisa
que despacio las mecía.

A su lado las adelfas
al ritmo se meneaban
y la pequeña violeta
bajito las preguntaba.

"¿Puedo bailar con vosotras?"
"Sí", rápido la contestaban
y moviendo sus hojitas
ella se balanceaba.

Una amapola mirando
muy concentrada estaba
seguro que está escuchando
la música que llegaba.

Al poquito se ha puesto
la amapola por bailar
sigue el ritmo impuesto
y no pierde el compás.

Las margaritas reunidas
van a seguir la canción
ese trino que se escucha
con muchísima atención.

Todas cantan al compás
pues la música sabía
cuando ayer ensayaron
o quizás fue el otro día.

Siempre escuchando música
puede invitar a soñar
solo pararse y oírla
luego vendrá lo demás.

AMOR

5. CUANDO NADIE LE ESPERABA

Cuando nadie la esperaba
una nevada ha caído
¡Si estamos en primavera!
así eso se ha oído.

Nunca antes en el sitio
una nevada cayó
y menos en primavera
no se sabe qué pasó.

El aeropuerto cerrado
tampoco autobús había
las carreteras cortadas
de la nieve que caía.

Todos están encerrados
y no saben lo que hacer
los niños muy aburridos
así no pueden correr.

Los colegios y las tiendas
todo, todo, está cerrado
con esa nieve que hay
las cosas se han trastocado.

Los campos en primavera
ya habían florecido
pero ahora con la nieve
blancos se mueren de frío.

La cosecha de la fresa
dicen que se ha perdido
pues también sopló el viento
y destrozó aquel sitio.

En primavera ha nevado
no se puede remediar
el frío de nuevo ha vuelto
y no se puede aguantar.

"Este tiempo está loco"
se oye por el lugar
nunca por aquí nevó
no sé qué nos va a pasar.

Sin colegio y sin las tiendas
y sin nada que comer
es imposible estar
algo tendremos que hacer.

AMOR

6. EL VERANO HA LLEGADO

El verano ha llegado
ya se siente su calor
aunque era esperado
al fin un día llegó.

En agosto desde siempre
calorcito hemos tenido
pero ahora es diferente
el calor mucho ha subido.

¿Cómo ha pasado eso?
no se sabe explicar
el sol está ahí arriba
ahora más va a calentar.

¿Pero antes que pasaba?
quizás algo ha cambiado
el sol también alumbraba
y siempre ahí ha estado.

El tiempo es implacable
pasa y pasa sin cesar
y hasta lo más estable
cambia, eso es realidad.

Antes después del invierno
la primavera venía
luego llegaba el verano
y algo de calor hacía.

Pero ahora nada de eso
se puede así encontrar
el invierno se alarga
la primavera no está.

De nieve pasa al calor
no hay tiempo intermedio
o te hielas o te asas
solo hay verano e invierno.

¿Dónde está la primavera?
que a todos agradaba
esa lluvia que caía
y sus tardes soleadas.

¿Y además que pasó?
por qué del calor extremo
hasta el otoño borró
eso no parece bueno.

Las hojas que se caían
cuando el viento soplaba
castañas que se cogían
porque en el suelo estaban.

Ahora todo ha cambiado
el calor lo trastocó
del verano caluroso
al invierno se pasó.

Algo seguro ha pasado
porque ya nada es igual
el calor ha aumentado
y cuesta hasta respirar.

"Un verano caluroso"
todos dicen que hará
pues el sol está furioso
y llamaradas tendrá.

Eso seguro que afecta
aunque no sepamos bien
en qué consiste el cambio
que nos quema hasta la piel.

¡Cuidado, mucho cuidado!
cuidado hay que tener
cubriros bien la cabeza
y mucha agua beber.

El verano ha comenzado
pon un poco de atención
el calor ya ha empezado
cuídate, ten precaución.

Los veranos calurosos
desde siempre existieron
pero como el pasado
dicen nunca se midieron.

AMOR

7. ERA POR LA PRIMAVERA

Era por la primavera
en un banco estoy sentado
entretenido mirando
allí por todos los lados.

De pronto alguien pregunta
–¿Me podría aquí sentar?
–Si –le respondo enseguida–.
Aquí también puede estar.

Un ratito en silencio
los dos así estuvimos
pero me ve escribir
y al tiempo ambos dijimos.

–¡Qué bonito está el campo
–Nos echamos a reír
ante esa coincidencia
que nos pareció feliz.

–¡Qué de flores han salido!
–Eso estaba contemplando.
–¿Y que escribe en su cuaderno?
–Él me miró preguntando.

–Lo mismo que le decía
admiraba a las flores
y con ellas componía
versos…

–¿Es poeta? –preguntó.
–Al menos trato de serlo
–fue lo que respondí.
–¿Y me dejaría verlo?

Tímidamente entonces
el cuaderno le pasé
miró con curiosidad
me lo devolvió después.

–¿Cómo se hizo poeta?
–muy serio me preguntó–.
Pues lo que acabo de ver
muy lindo me pareció.

–Poeta, lo que es poeta
no sé si yo lo seré
solo trato de escribir
lo que veo –contesté.

—Pero ¿cómo sale en verso?
sí contempla una flor
muy difícil me parece
escribirlo creo yo.

Mirando el jardín vi
unas lindas florecillas
y empecé a decir
algunas cosas sencillas.

—Violeta que mirando
a las estrellas estas
¿quién te puso ese color?
¿con el que tan linda vas?

Y tú linda azucena
¿quién de blanco te ha pintado?
que amarillito el centro
ahí en medio te ha dejado.

Y vosotras margaritas
tantas ¿de dónde salís?
que pintáis todo este campo
como si fuera un tapiz.

Rosita qué sola estas
tus hermanas no han salido
pero qué linda que eres
con ese rojo vestido.

Hierba que cubres el campo
espera el amanecer
el rocío llegará
cómo te llegó ayer.

Te refrescará un poquito
y así podrás crecer
y ponerte verdecita
y todo embellecer.

Dejé en ese momento
de hablar y escribí
aquello que había dicho
lo anoté todo allí.

—¿Ve cómo es muy sencillo?
ser poeta es mirar
es contemplar el paisaje
es pararse a disfrutar.

Ser poeta es solo eso
tener tiempo de vivir
de contemplar el entorno
y ponerse a escribir.

Ser poeta es, ir por la vida
con mucha tranquilidad
admirando la belleza
y no dejarla escapar.

Es ponerse a escribir
para captar el momento
ese brillo de la luna
o la caricia del viento.

Esas estrellas brillantes
que la nube ha tapado
se las ve solo un instante
pero tú lo has contemplado.

El rayito mañanero
que te entra a despertar
—¡Espabila —está diciendo—,
que ya hay que trabajar.

Son momentos en la vida
que se pueden capturar
todo puede ser poesía
sí se sabe contemplar.

AMOR

8. UNA MAÑANA LLUVIOSA

Una mañana lluviosa
aburrida me encontraba
no sabía qué hacer
no se me ocurría nada.

De pronto tuve una idea
abrí el ordenador
y los dedos en las teclas
puse allí sin intención.

No me venían las palabras
no sabía qué hacer
solo miraba el teclado
algo tendría que poner.

Tecleando muy deprisa
los dedos allí volaban
y palabras sin sentido
parece que se quedaban.

Una hora o quizás más
estuve allí sentada
no sabía qué pensar
pues ni tiempo de eso daba.

Sonó un timbre, ¡qué susto!
estaba tan absorbida
que ni cuenta me había dado
que me olvidé la comida.

Miré un poco asombrada
no sabía qué pensar
aquel escrito miraba
le tendría que repasar.

Tan rápido lo había hecho
que muchas faltas tenían
palabras había juntas
no sabía qué ponía.

Nunca me había pasado
ni se ha vuelto a repetir
todo aquello lo he guardado
lo que escribí allí.

Era una linda canción
con estrofas increíbles
no sé de dónde salió
cuando ellas fueron legibles.

Hablaba de primaveras
y de los campos floridos
de paseos por la playa
de muchos sueños cumplidos.

AMOR

9. CORRIENDO UN CONEJITO

Corriendo un conejito
un día se encontraba
por un campo muy bonito
y un poquito se paraba.

Parecía asustado
—Es que se habrá perdido
—ha escuchado a su lado
y él lo había oído.

—¿Quién ha hablado?
—enseguida preguntó.
Una flor que allí había
—YO —rápido le contestó.

—¿Tú?, pero eso no es posible
—el conejito decía—.
Las flores nunca han hablado
—pues él muy bien lo sabía.

—¿Pero ¿quién te ha dicho eso?
—ella riendo decía—.
Desde que era chiquitita
dicen todas que ya hacía.

—¿Todas?, ¿a quién te refieres?
—el pequeño preguntaba.
Ella señala a las otras
que por allí se encontraban.

Mirando el conejito
muchas flores él veía
—¡Pero si ayer no estaban!
—asombrado así decía.

—Es que ya es primavera
—la flor le está contando—.
Por eso todo el campo
de flores se está llenando.

—¿Y de dónde salen tantas?
—el pequeño preguntaba.
La flor se está riendo
y esto le contestaba.

—Es que estábamos dormidas
esperábamos que el sol
luciera y nos despertara
y por eso salí yo.

—Pero eso no es posible
—el conejito decía—,
yo he visto al mismo sol
lucir hace muchos días.

Pensativa se ha quedado
la flor luego contestaba
—Bueno luciría un poquito
y yo no me enteraba.

El conejito curioso
otra vez la preguntaba
—¿Pero todas las que veo?
¿también durmiendo estaban?

—Claro —le dice la flor—
todas estaban dormidas
y al llegar la primavera
míralas, ¡qué divertidas!

El pequeño asombrado
no hacía más que mirar
todas las flores del campo
que cada vez había más.

Blancas, rosas, amarillas
azules y coloradas
nunca en toda su vida
había visto así nada.

AMOR

10. AL LLEGAR LA PRIMAVERA

Al llegar la primavera
el mar entero cambió
los corales más bonitos
la sirenita encontró.

Por allí está nadando
algo raro ella notó
un buzo se está acercando
y corriendo se escondió.

Nunca en toda su vida
ha visto nada igual
callada sigue escondida
desde allí le va a mirar.

Un poquito ha salido
y curiosa le observaba
pero algo ha sucedido
la buzo vuelta se daba.

De pronto a la sirena
el buzo ha encontrado
los dos allí bajo el agua
de frente se han mirado.

Ninguno ha comprendido
lo que les había pasado
la primavera ha sido
su corazón ha saltado.

Enamorados los dos
eso había sucedido
un buzo y una sirena
eso nunca se ha oído.

Pero en el fondo del mar
hoy que es primavera
se acaban de enamorar
un buzo y una sirena.

Y desde entonces allí
cerquita de los corales
a diario se les ve
con alegría a raudales.

Los contempla la sardina
y también el calamar
y la langosta les dice
—Qué bonito es amar.

La estrellita los mira

y el cangrejito decía

—Voy a nadar un poquito

y a buscar compañía.

La sirenita despide

al buzo y le decía

—Mañana te esperaré

—Él a diario volvía.

AMOR

11. TODOS ESTÁN EXPECTANTES

Todos están expectantes

por fin el día ha llegado

se reúnen a bailar

la fiesta ha comenzado.

Ya llegó la primavera

el sol vuelve a brillar

se acabó la larga espera

el campo florece ya.

Los animales contentos

bailan, bailan sin cesar

ya no hay silencio en el bosque

lleno de música está.

Baila la ardilla graciosa

y también el caracol

y la garza esa hermosa

baila con el ruiseñor.

Don Oso se está moviendo

se le da muy bien bailar

y la tortuga mirando

ha comenzado a bailar.

Todos bailan de alegría
el invierno pasó ya
el frío que antes hacía
no les dejaba bailar.

A ellos siempre les gusta
bailar y solo bailar
la tristeza les disgusta
esa ya no la habrá más.

Baila doña mariposa
allí sobre el rosal
mirándola está la rosa
que le gustaría bailar.

Bailan también las hormigas
pues no se pueden parar
sobre una rama subidas
y quizás se caerán.

Ya llegó la primavera
con su sol y su alegría
el bosque todo contento
bailando todo el día.
AMOR

12. ¿QUÉ ES LA VIDA?, O QUIZÁS

¿Qué es la vida?, o quizás
la pregunta que te hagas
la duda que tú tenías
respuesta encontrarás.

La vida hay que vivirla
despacio, con atención
de esa forma sencilla
vivirás mucho mejor.

Pasito a pasito lento
vive y ya lo verás
tu entorno a tú encuentro
día a día sentirás.

Quizás no lo has notado
ya tu vida es mejor
el entorno ha mejorado
hasta el tiempo cambió.

Ya llegó la primavera
el sol parece brillar
las flores están saliendo
el invierno se fue ya.

La vida no es sólo tiempo
que se pasa sin pensar
disfruta de lo que tienes
el ayer quedó atrás.

La vida hay que vivirla
en este momento, aquí
disfrutarla y sentirla
pues pronto se va a ir.

La vida que hoy tenemos
la debemos disfrutar
pues todo pasa corriendo
mañana ya no va a estar.

El invierno ha pasado
la primavera llegó
el frío se ha marchado
hoy por fin ya luce el sol.

Hay momentos en la vida
que queremos olvidar
pero que nunca se olvidan
pues muy marcados están.

¿Qué es la vida?, me pregunto
sentado en un rincón
con la mirada perdida
sudando por el calor.

Será que no hay respuesta
por eso no lo sé yo
la vida, ¿Qué es la vida?
pensado me quedo yo.

El sol que se ha acercado
poco a poco se marchó
el calor que antes tenía
hace rato se me quitó.

La noche está llegando
hasta la luna salió
la respuesta que quería
aun nadie me la dio.

La vida, ¿Qué es la vida?
difícil es la cuestión
por eso pasó el tiempo
y aún no lo sé yo.

¿Cuántos días han pasado
desde que lo pregunté?
el sol vino y se ha marchado
la respuesta no encontré.

La luna con sus reflejos
tampoco me ayudó
ni las estrellas tan lejos
me dieron contestación.

La vida, ¿Qué es la vida?
aun me pregunto yo
quizás, sí tal vez un día
la respuesta sepa yo.

AMOR

13. VOLANDO SE PASÓ EL AÑO

Volando se pasó el año
el último día llegó
sin darme cuenta siquiera
parece que no existió.

Ni recuerdos ya me quedan
del tiempo que transcurrió
quizás fueron días felices
tal vez los que tuve yo.

¿Dónde está el tiempo?, no sé
rápido se me ha marchado
como el agua en la mano
ya no está, se ha escapado.

O ese charco del suelo
que la lluvia ha formado
ese sol que le da fuerte
enseguida lo ha secado.

Así se pasó el tiempo
día a día sin parar
se ha pasado corriendo
sin poderlo remediar.

Son recuerdos de un pasado
que pronto se olvidarán
esos días disfrutados
que ya nunca volverán.

Quizás he hecho viajes
o en casa habré estado
el olvido ya llegó
no recuerdo el pasado.

La vida va muy deprisa
nunca se va a parar
aunque quieras detenerla
te tendrás que aguantar.

Porque una cosa es eso
vivirla con ilusión
pero después recordarlo
eso cuesta un montón.

¿Qué hice en el mes de enero?
imposible, se marchó
ni en febrero, ni en marzo
todo eso se borró.

Quizás recuerde el agosto
en qué mejor lo pasé
en la playa con el sol
¿o eso no fue ese mes?

Sí, quizás en primavera
alguna vuelta me di
y seguro que la lluvia
me mojó ¿o no fue así?

Claro, de algo estoy seguro
que en invierno frío hacía
y quizás sobre la nieve
algunos pasos darían.

Son recuerdos imprecisos
que también olvidaré
la memoria es un problema
que tendría que resolver.

Ya el coche no lo cojo
no me sé ya orientar
la derecha o la izquierda
ahora ya me da igual.

¿Qué ha pasado con mi vida?

antes no era así

los recuerdos se han ido

no sé ni lo que viví.

La memoria, mi memoria

¿Dónde estás?, ¿Por qué te has ido?

con la falta que me haces

para saber qué he vivido.

Si fui al río o la montaña

sí comí o he dormido

sin recuerdos nada sé

como el año se han ido.

31 de diciembre

¡qué rápido has llegado!

¡cómo se pasa la vida!

casi la he acabado.

¿Fui feliz?, pues no lo sé

¿qué hice?, no lo recuerdo

solo que estoy aquí

eso aun sí puedo verlo.

Debí de tener cultura
pues escribir aun puedo
¿pero cómo la adquirí?
se me fue, ya no me acuerdo.

Quizás tuve una familia
alguien que me acompañó
ahora aquí estoy solo
todo ya se me olvidó.

Fotografías hay muchas
por las paredes colgadas
no recuerdo quiénes son
sus sonrisas reflejadas.

La memoria se me ha ido
no sé dónde, ni por qué
qué hice mal, ni qué comí
quizás por eso se fue.

Como el año que termina
casi yo he terminado
porque ahora sin memoria
sin recuerdos del pasado.

Cómo podré subsistir

ya no puedo pasear

es imposible salir

pues temo no regresar.

¿Dónde voy?, ¿a qué he venido?

difícil de contestar

cuando no tienes memoria

la vida llega al final.

Quizás sigas mucho tiempo

o quizás un día más

pero así no lo disfrutas

porque se te va a olvidar.

Pero ahora aún es tiempo

de vivir y disfrutar

de todos los que te quieren

y que a tu lado están.

Que llegará un mañana

eso a ti te da igual

el año nuevo comienza

es solo un día más.

Espera con alegría
lo que la vida te da
con recuerdos o sin ellos
haz feliz a los demás.

Quizás un día lo olvides
eso no importará
tú muéstrales tu cariño
ellos no lo olvidarán.

"Año nuevo vida nueva"
siempre dijo el refrán
con tu nueva condición
en ti si se cumplirá.

Apunta en un cuaderno
que siempre a mano tendrás
aquello que más te importe
y no quieras olvidar.

Pon delante de la tele
esa que a diario miras
el cuaderno a la vista
y así no lo olvidas.

Pon tu nombre y dirección
lo que quieras recordar
quizás aún falte mucho
en que ni leer podrás.

Trata de no estar solo
de hablar con los demás
la soledad no es buena
no te puede ayudar.

Y si esto estás leyendo
y algo te ha ayudado
sonríe tú al pensar
que aún no te ha llegado.

Pero a alguien conocido
quizás hayas detectado
problemas con la memoria
y encima le has regañado.

Piensa en cómo te sientes
cuando algo has perdido
las gafas o un pendiente
y luego ha aparecido.

Pero él está perdiendo
algo que no volverá
los recuerdos de una vida
y no los recuperará.

Comprende su situación
y trátale de ayudar
muéstrale todo tu amor
quizás lo recordará.

Es la vida, no hay remedio
no se puede evitar
no se para, va avanzando
como el año que se va.

La memoria día a día
debemos de cultivar
así y si es posible
durará un poquito más.

Porque cuando la tenemos
no sabemos apreciar
eso que un día cercano
podremos necesitar.

Para podernos mover

para podernos vestir

y hasta para comer

y quizás hasta sonreír.

¡Qué difícil es vivir

sin nada que recordar!

sí ayer fui feliz

o dónde puedo estar.

La memoria como el año

poco a poco se ha marchado

disfruta siempre que puedas

de lo que te ha quedado.

AMOR

14. MIRA EL CIELO ESTRELLADO

Mira el cielo estrellado

la respuesta hallarás

poesía es el destello

que en las estrellas verás.

Poesía es el canto

que hace el río al bajar

cuando en la primavera

el deshielo va a llenar.

El agua está feliz

se dirige a la mar

se lo dice a los campos

que la miran al pasar.

Preguntas, ¿qué es poesía?

mira a un bebé sonreír

sus ojos brillan alegres

porque se siente feliz.

¿Qué es poesía?, has preguntado

¿no te has parado a pensar?

poesía es todo aquello

que nos puede hacer soñar.

Mirando la noche clara
la luna que ahí está
haciendo que la miremos
y así poder soñar.

Con lejanos horizontes
donde nadie ha llegado
con sus ríos y sus montes
es tu sueño, lo has notado.

Poesía es… ¿qué es poesía?, te preguntas
y no sabes responder
cierra los ojos y siente
¿no lo acabas de ver?

Poesía es el reflejo
de la luz en el cristal
cuando las gotas de agua
aun cayendo están.

Esas luces de colores
el arco iris salió
el cielo se ha pintado
la tormenta ya pasó.

Poesía es todo eso
y lo que quieras poner
una sonrisa, un beso
sí feliz te va a hacer.

Es algo que tienes dentro
y que quiere aflorar
salir corriendo al encuentro
de a quién se lo quieras dar.

Hacer feliz a la gente
en un sencillo cantar
que alegre el ambiente
y les haga suspirar.

Poesía, ¿qué es poesía?
es difícil de explicar
hay que sentirlo muy dentro
y hay que quererlo dar.

Dejar a un lado las penas
y tratar de sonreír
de esa forma sencilla
se puede ser muy feliz.

Poesía es todo eso
que nos hace suspirar
aunque dentro halla dolor
muy difícil de olvidar.

¿Qué es poesía?, te preguntas
sonríe y lo verás
trata de vivir feliz
y olvidar lo demás.

La poesía te ayuda
pruébalo y comprobarás
siéntete así poeta
y otros sueños tendrás.

De lejanos horizontes
de lugares deseados
de viajes aun no hechos
o recuerdos del pasado.

La poesía es eso
una ayuda interior
siéntate, recita un verso
y te encontrarás mejor.

Poesía, es poesía
esa sonrisa del niño
que te mira en el parque
y te muestra su cariño.

Poesía, es poesía
la lluvia que en primavera
mojando está esos campos
donde las flores la esperan.

Poesía, es poesía...

AMOR

15. UNA POESÍA ME DICES

Una poesía me dices
que te tengo que escribir
yo de poesía no sé
pero algo voy a decir.

Miro despacio la ola
cuando viene a la arena
ella nunca viene sola
siempre trae compañera.

La brisa cuando anochece
ese fresquito que da
que trae los mil olores
que da gusto olfatear.

Esa flor cuando se abre
que deja con suavidad
que la gota de rocío
la venga tierno a besar.

La mirada de el niño
que en su cunita está
con su sonrisa en los labios
te la ofrece sin pensar.

Todo lo de alrededor
poesía me parece
te lo ofrezco a ti lector
para leer si te apetece.

Siéntate en primavera
a ver la puesta de sol
allí los campos floridos
están llenos de amor.

Pisa la nieve en invierno
siente tu cuerpo flotar
esa blancura del suelo
te hará tal vez soñar.

Esa nube que despacio
te sonríe al pasar
regará pronto los prados
o caerá en el mar.

¿Qué es poesía?, dime tu
yo no te sé responder
poesía es el aire
que sopla al amanecer

Que te dice que levantes
el día va a comenzar
que no te pierdas el sol
que empieza a levantar.

Es poesía esa noche
de luna llena estrellada
cuando dando esa mano
paseas con tu amada.

Es poesía en la vida
todo lo del rededor
sí lo miramos despacio
y sentimos mucho amor.

¿Qué es poesía?, me preguntas
yo de eso no sé nada
la naturaleza toda
está para contemplarla.

Es poesía escuchar
las hojas en la pradera
cuando el viento que sopla
las balancea ligeras.

Y el baile de las olas
no es poesía quizás
ellas que vienen ahora
rápidamente se van.

Así se pasan el tiempo
bailando a un compás
si tú te paras a verlas
tus penitas se te van.

Porque la ola que viene
y la ola que se va
te tranquiliza enseguida
y te deja mucha paz.

AMOR

16. LA PRIMAVERA HA LLEGADO

La primavera ha llegado
ya todos cantando están
todos quieren ver
como las flores salen ya.

La primavera alegra
el corazón de todos
y salen a cantar
y admirar los pájaros.

A todos con su trino
alegra la mañana
dejando atrás el frío
que a nadie agrada.

La primavera ha llegado
y todo floreció
las penas se marcharon
y hasta la soledad huyó.

Ya sólo gozo y alegría
y una enorme felicidad
de ver las maravillas
que la primavera trajo.

La primavera ha llegado
ya desde por la mañana
y a todos a alegrado
con el solo iluminado.

AMOR

17. BENDITA PRIMAVERA

Bendita primavera
que a todos llegará
y siempre cuando llega
a todos alegrará.

Rápido el fío marchó
y de todos se olvidará
ya llegó la primavera
todos contentos están.

AMOR

18. EL TRINO EN PRIMAVERA

El trino en primavera

a todo el mundo despertó

y alegra el corazón

cuando por la ventana se escuchó.

Todas las mañanas aparece

no se de donde salió

pero puntual siempre llega

y a trinar empezó.

No es que lo haga fuerte

ya a nadie molestó

pero su melodía

a todos alegró.

Un día no aparece

y a todos extrañó

que aquel pajarito

de trinar se olvidó.

Paso otro día más

y a trinar no volvió

el pequeño pajarito

que a todos alegró.

El trino nunca más

por la mañana se escuchó

nadie sabie el motivo

por lo que el pájaro no volvió.

Ha pasado semanas de ello

desde que se le olvidó

puede que meses también

y sin saber cómo el trino regresó.

Ahora son dos pájaros

uno más pequeño que trinó

junto con el pajarito grande

y a todos alegró.

Ahora hay un trino a dúo

más hermoso se volvió

ese despertar matutino

con el trino que regresó.

AMOR

19. PRIVAMERA FLORIDA

Primavera florida

has regresado

aunque un poco tardía

ya has llegado.

El invierno pasó

florece el campo

todo ya se mutó

me gusta tanto.

Primavera florida

ya estás aquí

nos traes nueva vida

claro que sí.

Las flores ya han salido

florece el día

ella nos ha traído

a toda su alegría.

Primavera florida

me gustas tanto

con olores de vida

y con encanto.

La primavera siempre
a todos hace pensar
que tenemos un tiempo
de recordar.

Primavera florida
hoy disfrutamos
paseamos despacio
y así amamos.

El calor ya vendrá
ya falta poco
ahora aquí estas
duras muy poco.

Primavera florida
que bien que hueles
tus flores nos dan vida
y traen quereres.

AMOR

20. COSAS QUE PASAN

¿Por qué pasan esas cosas?

se escucha sin cesar

la gente está asombrada

ya no sabe qué pensar.

Comparan y no encuentran

punto de comparación

ni nevadas ni calores

antes así sucedió.

El termómetro ha llegado

todos lo han podido ver

50 hoy son los grados

nunca pasó eso ayer.

"¿Cómo van a ser 50?

¡Estará estropeado!"

dicen por allí algunos

pues del echo han dudado.

"¡Que sí, que el calor que hacía

no se podía aguantar

nadie de su casa sale

por todo aquel lugar!".

Pues mira, ahora ha nevado
y nadie se lo esperaba
hasta la playa ha llegado
y blanquita la dejaba.

"¡Pero eso es imposible
nunca había sucedido
y ya tengo los 80
y mucho yo he vivido!".

Es que el tiempo está cambiando
no se puede remediar
el calor está subiendo
¿A dónde va a llegar?

Pero ¿y la nieve esa
que en la playa ha caído?
no me digas que el calor
porque de calor no ha sido.

Bueno, pues será el tiempo
que el invierno ha cambiado
sí buscas la primavera
no está por ningún lado.

El clima está cambiando
y eso, ¿qué tendrá que ver
con que haga más calor
y más frío a la vez?

La gente está confundida
no se lo puede creer
nunca lo vio en su vida
y más le queda por ver.

Muchos años de sequía
donde nada lloverá
y luego inundaciones
que nadie esperará.

Es ese tiempo cambiante
el que parece que viene
más calor y mucha agua
y muchos cambios contiene.

Nada podemos hacer
pero si somos sensatos
adaptemos nuestro hogar
y vivamos en los altos.

El agua inunda los campos

arrasará las ciudades

y calores sofocantes

habrá por muchos lugares.

Sabiendo lo que nos viene

tiempo no hemos de perder

busquemos sitios mejores

o vamos a perecer.

No son exageraciones

pues todo puede pasar

y tomemos precauciones

nunca estarán de más.

AMOR

21. LA GRANIZADA

EL día era agradable

el sol había salido

el tiempo está templado

no hacía casi frío.

De pronto algo ha pasado

el cielo se oscureció

el sol se ha ocultado

y a llover comenzó.

Un gran rato ya llevaba

cuando empieza a granizar

¡Madre, cómo granizaba!

nunca vi nada igual.

Como puños, así eran

nadie lo podía creer

caía rompiendo cosas

allí se podía ver.

Los cristales de las casas

las tejas de los tejados

las ramas todas dañadas

el granizo ha dejado.

Nadie nunca había visto
granizada semejante
unos granizos tan grandes
los teníamos delante.

Trozos de hielo muy duros
no se podían romper
¿De dónde habrán salido?
nadie podía saber.

La granizada ha caído
cuando menos se esperaba
ya terminó el invierno
y el frío no estaba.

La primavera pasaba
tranquila sin molestar
el calor se acercaba
o eso parecía indicar.

De pronto todo ha cambiado
el clima se ha trastocado
después de ese granizo
el frío ha regresado.

Dos días después de eso
aquí ha vuelto a nevar
¡No puede ser!, si es mayo
todo cubierto está.

"Es un mayo muy distinto
el que estamos teniendo
por culpa de este clima"
todos por ahí van diciendo.

Ya ni el clima es fiable
no se puede prever
pensar que va a hacer sol
y se pone a llover.

Es mejor mirar al cielo
cuando vamos a salir
ver si paraguas cogemos
o si quedarnos allí.

AMOR

22. ESCUCHANDO MUSICA

Era en la primavera
y en un jardín estaba
sólo se escuchaba allí
los pájaros que cantaban.

Con sus trinos armoniosos
en un banco me senté
y al poquito de ello
a soñar yo comencé.

Con flores de mil colores
que al escuchar bailaban
esparciendo sus olores
y el ambiente perfumaban.

Las rosas bailan un vals
las vi cómo se movían
suavemente con la brisa
que despacio las mecía.

A su lado las adelfas
al ritmo se meneaban
y la pequeña violeta
bajito las preguntaba.

"¿Puedo bailar con vosotras?"
"Sí", rápido la contestaban
y moviendo sus hojitas
ella se balanceaba.

Una amapola mirando
muy concentrada estaba
seguro que está escuchando
la música que llegaba.

Al poquito se ha puesto
la amapola para bailar
sigue el ritmo impuesto
y no pierde el compás.

Las margaritas reunidas
van a seguir la canción
ese trino que se escucha
con muchísima atención.

Todas cantan al compás
pues la música sabía
cuando ayer ensayaron
o quizás fue el otro día.

Siempre escuchando música
puede invitar a soñar
solo pararse y oírla
luego vendrá lo demás.

AMOR

23. EL GRAN DÍA

Todos están expectantes
por fin el día ha llegado
se reúnen a bailar
la fiesta ha comenzado.

Ya llegó la primavera
el sol vuelve a brillar
se acabó la larga espera
el campo florece ya.

Los animales contentos
bailan, bailan sin cesar
ya no hay silencio en el bosque
lleno de música está.

Baila la ardilla graciosa
y también el caracol
y la garza esa hermosa
baila con el ruiseñor.

Don Oso se está moviendo
se le da muy bien bailar
y la tortuga mirando
ha comenzado a bailar.

Todos bailan de alegría
el invierno pasó ya
el frío que antes hacía
no les dejaba bailar.

A ellos siempre les gusta
bailar y solo bailar
la tristeza les disgusta
esa ya no la habrá más.

Baila doña mariposa
allí sobre el rosal
mirándola está la rosa
que le gustaría bailar.

Bailan también las hormigas
pues no se pueden parar
sobre una rama subidas
y quizás se caerán.

Ya llegó la primavera
con su sol y su alegría
el bosque todo contento
bailando todo el día.

AMOR

www.ingramcontent.com/pod-product-compliance
Lightning Source LLC
LaVergne TN
LVHW010655200726
843507LV00011B/1880